W0173378

23.80

CHRISTINE
NÖSTLINGER

Dieses Buch

widme ich

all den guten Menschen,

die mir eine ganze Kindheit lang

Speis und Trank

weder verweigerten

noch aufdrängten,

sondern mir tagtäglich

schrankenlose Freßfreiheit

gewährten.

CHRISTINE
NÖSTLINGER

Einen Löffel für den Papa
Einen Löffel für die Mama
Einen Löffel für die Oma
Einen Löffel für den Opa
Jeder Löffel für die Katz!

Illustriert von
Jörg Wollmann

J&V

Inhalt

VORWORT

Liebe Eltern,
liebe Großeltern,
liebe sonstige Kinderernährer,

Vorwörter sind bei **praktischen Ratgebern** und **nützlichen Helfern** üblich. Da sich dieses Buch als beiderlei versteht, soll auch hier keines fehlen.
Bedauerlicherweise haben wir jedoch keinen befreundeten Experten aufgetrieben, der bereit gewesen wäre, uns ein selbiges zu verfassen. Also schreiben wir es uns selbst und tun darin kund, wie der Entschluß in uns reifte, folgende Seiten auf den Markt zu werfen.
Wie so oft im Leben, steckt auch hier wieder einmal der Alltag mit seinen mannigfaltigen Ungereimtheiten dahinter!
Wir kannten nämlich eine gute Mutter, die sprach immer zu ihrem Sohne, wenn er das Jausenbrot vergammelt wieder von der Schule nach Hause brachte: **Schäm dich! In Indien verhungern die Kinder!**
Und dann kannten wir eine andere gute Mutter, die sprach immer zu ihrem Sohne, wenn er ein siebentes Jausenbrot anforderte: **Schäm dich! In Indien verhungern die Kinder!**

Worauf sich beide Söhne schämten, ihre Jausenbrote in Frischhaltefolie wickelten und zur Post trugen.
Doch **Indien** als Anschrift war dem postalischen Mittler zu ungenau. Außerdem reichte das Taschengeld der zwei für das Porto ohnehin nicht.
Daß wohlgemeinte gutmütterliche Belehrungen derart in die Binsen gehen können, gab uns zu denken und wir sprachen zu uns:

- **So geht es nicht!**
- **Da hat ein Sachbüchlein einzugreifen!**
- **Auch auf die Gefahr hin, daß es das neunundneunzigste zu diesem Thema sein sollte!**

Womit das Vorwort abgeschlossen ist und wir zur Einleitung schreiten können.

Einleitung

Eßschwierige Kinder nehmen in unseren Breiten, aber nur, wenn diese auch von den richtigen Wohlstandslängen gekreuzt werden, immer mehr zu. Oder ab. Je nachdem, welche Eßschwierigkeit anliegt. Besser gesagt: Die Eltern, denen das Eßverhalten ihrer Kinder Sorgen macht, sind, laut ehrenwerter Statistik, eine Zweidrittelmehrheit hierzulande. Grundsätzlich unterscheiden wir bei diesem Problem drei Sorten von Problemkindern:

1. **Die Kinder, die zuwenig essen**
2. **Die Kinder, die zuviel essen**
3. **Die Kinder, die nicht das Richtige essen**

Wobei Kinder der Sorte 1 und Sorte 2 nebenbei auch noch zur Sorte 3 zählen können, und Kinder der Sorte 3 auch der Sorte 1 oder Sorte 2 angehören können.
Wir werden versuchen, die Kinder wohlgeordnet in drei Abschnitten auseinander zu halten:

1. **Der Suppenkasper**
2. **Der Vielfraß**
3. **Der Falschernährer**

Da aber, wie bereits erwähnt, die drei Kinder-Sorten in ihren Eßschwierigkeiten nicht immer artenrein auftreten und Überlappungen vorkommen, wird eine exakte Abgrenzung nicht möglich sein. Die kinderfütternden Personen werden also gebeten, das für ihren Problemfall Passende dort aufzugabeln, wo es kreativ eingebacken wurde.
Schließlich soll noch darauf hingewiesen werden, daß der Rechtsweg nicht beschritten werden kann. Wir wollen helfen, Probleme zu lösen. Garantie wird von uns nicht übernommen.
Im Falle der Wirkungslosigkeit der hier angeführten Ratschläge, Hinweise und Tricks nimmt der Verlag das einmal angekaufte Buch (auch wenn es keine Eselsohren haben sollte und von Fettflecken frei wäre) nicht zurück.

Autorin, Bildkünstler, Verleger und Lektor

Wien, im Jahr 12
(nach der Erfindung der vorgebratenen Pommes frites)

DER SUPPENKASPER

Grundsätzlich hat auch hier, wie immer, die Spreu vom Weizen gesondert zu werden. Nehmen wir den **echten Suppenkasper** als Weizen, so bleibt der **falsche Suppenkasper** als Spreu.

Der falsche Suppenkasper

Der **falsche Suppenkasper** ist gar keiner. Er ist ein gesundes Kind mit Normalgewicht, welches von seinen Bezugspersonen (oder auch nur einer von diesen) dennoch für zu mager befunden und aus diesem Grunde ständig zur Nahrungsaufnahme animiert oder gar mit allerlei Tricks dazu gezwungen wird, diese Nahrungsaufnahme jedoch vernünftigerweise mit genauso vielen Tricks erfolgreich verweigert.

Die Gründe, warum normalgewichtige Kinder zu Suppenkaspern erklärt werden, sind viele. Aus Platzmangel seien hier nur die am Häufigsten erwähnten genannt:

1. Oft lebt der **falsche Suppenkasper** in einer Familie von ausgesprochen fettleibigen Personen, die irrigerweise ihr Übergewicht zur Norm erhoben haben und daher, genauso irrigerweise, die Norm als Untergewicht einschätzen.

Da aber ein Revidieren dieser Irrmeinung eine Änderung ihrer eigenen Nahrungsaufnahme zur Folge haben müßte, halten diese Personen hartnäckig an ihrer Fehleinschätzung fest.

2. Manchmal sind es auch sonderliche Sparstrumpf-Ideen, die Eltern oder Großeltern dazu inspirieren, ihr Kind beziehungsweise ihr Enkelkind, wenn es nicht total verfettet ist, als Suppenkasper zu diffamieren.

Hier geht es um den weitverbreiteten Depot-Wahn. Man meint, ein Kind brauche, wie man das umgangssprachlich nennt, etwas zum **Zusetzen.**
Man verwechselt da ein Kind mit einem Kamel. Lausige Zeiten könnten kommen, grobe Grippe etwa könnte das Kind überfallen, die Supermarkt-Angestellten könnten in den Generalstreik treten oder ein Bankenkrach könnte die Ersparnisse der Familie hinwegraffen, kurz und schlimm: Essen könnte vorübergehend Mangelware werden! Und das Kind soll für diese karge Zeit Schmerbauch und Wabbelpopo parat haben, um davon, wie das Kamel vom Fetthöker, zu zehren.

3. Hin und wieder haben die Bezugspersonen eines Kindes auch einfach das Runde, Weiche, Pralle und Fleischige zu ihrem Schönheitsideal erklärt und finden dieses nun in ihrem ranken, schlanken Kinde nicht wieder, sind also darob frustriert und versuchen, das Kind nach ihrem Schönheitsideal zu formen.

4. Die Kindeseltern waren seinerzeit, in ihrer Kindheit, ebenfalls Suppenkasper (ob echte oder falsche, tut hier nichts zur Sache) und mußten sich gegen wohlgefüllte Löffel zur Wehr setzen. Und nun üben sie späte Rache, indem sie von der Rolle des Opfers in die Rolle des Täters überwechseln.
Merke: Warum sich jemand Kinder wünscht, ist ein Rätsel, das manchmal besser ungelöst bleibt.

Aber wie auch immer, der **falsche Suppenkasper** ist und bleibt kein eßschwieriges Kind, hat also hier nicht länger und breiter besprochen zu werden; abgesehen davon, daß der Leser, gleichermaßen berührt wie ratlos, dem bitteren jungen Leben des **falschen Suppenkaspers** ein oder auch zwei stille Gedenksekündchen widmen könnte.

Entschuldigung

Eben habe ich die druckfrische Studie über **das Fachbuch und seine Sinnmitte in bezug auf den trivialen Leser** vor die Klarsichtbrille bekommen und muß ihr entnehmen, daß 93,4% der Sach- und Fachbuchleser vor allem auf **Fallstudien** geil seien.
Da mir nichts ferner liegt, als 93,4% meiner Leser frustriert über die Seiten zu bringen, sei also auch hier dem **falschen Suppenkasper** eine der wahren Geschichten, wie sie das Leben gern zu schreiben pflegt, zugeeignet.
Daß diese **Fallstudie** in keiner Weise eine der eben angeführten Hauptursachen der **falschen Suppenkasperei** aufweist, zeigt nur deutlich, daß das Leben eben meistens normabweichlerische Geschichten schreibt.

Fallstudie Kasper S.:

Kasper S. kam als erstes und letztes Kind seiner wohlhabenden Eltern zur Welt. Großeltern waren, beiderseits, nicht mehr vorhanden, da sich jedoch die Eltern von Kasper S. bereits in sehr vorgerücktem Alter befanden, konnten sie ihm mühelos neben dem Eltern-Bezug auch noch einen Oma-Opa-Bezug bieten.

Bereits in der Schwangerschaft traten die ersten „Eßschwierigkeiten" auf. Natürlich nicht bei Kasper, sondern bei der Mutter. Ihr Fehlverhalten bestand darin, daß sie nicht bloß „für zwei", sondern für sechs, und dieses reichlich, aß.

So war Frau S. dann auch etwas enttäuscht, eines Kindes entbunden zu werden, daß bloß 2070 Gramm Geburtsgewicht hatte. Herr S. war noch wesentlich mehr enttäuscht, weil er bezweifelte, daß dieser „Stammhalter" je einen Stamm werde halten können. Herr S. machte seiner Ehefrau, die nach der Niederkunft immer noch um zweiundzwanzig Kilo mehr wog als vor Kaspers Zeugung, heftige Vorwürfe des Inhaltes, daß sie – gleichermaßen unmütterlich wie selbstsüchtig – während der Schwangerschaft nichts von all der Zusatznahrung an den Embryo abgegeben habe.

Frau S. nahm sich diese Vorwürfe sehr zur Seele und versuchte tätige Reue, indem sie des Kindes vermeintlichen Nachholbedarf zu stillen bemüht war.

Kasper erinnert sich an seine Mutter nur als eine, die ständig mit einem gefüllten Löffel hinter ihm her jappelte. Und an die unzähligen Flecken auf den Tapeten, die dadurch entstanden, daß Kasper den ihn verfolgenden Löffel zur Seite stieß und Spinat, Paradeissoße, Eigelb, Grießbrei und Honig an die Wand geschleudert wurden, erinnert er sich natürlich auch.

Da Kasper jedoch von seinem Vater einen extrem starken Willen geerbt hatte, blieb er in den Löffel-Kämpfen mit seiner Mutter stets der Sieger. Die 1600 Kalorien, die er gewillt war, pro Tag anzunehmen, ließ er sich, zur Steigerung seiner Wohlbefindlichkeit in psychischer Hinsicht, nur bei Querflötenmusik einflößen.
Pro Löffel, den die Mutter in seinen Mund schieben durfte, mußte der Vater eine kleine Melodie auf der Querflöte blasen. Dadurch gestalteten sich die Mahlzeiten der Familie zwar, was die Dauer betrifft, etwas üppig, aber auch sehr kunstsinnig, da Kaspers Vater mit der Zeit das Musikinstrument tadellos zu beherrschen lernte.
So wurde Kasper zu einem lebensfrohen und der Kunst gegenüber aufgeschlossenen Menschen, bei dem sich allerdings Nahrungsaufnahme und Querflöte zu einer Einheit verbunden haben. Sooft er jemanden Querflöte spielen hört, reißt er den Mund weit auf und kann ihn erst wieder schließen, wenn ihm jemand einen Löffel in den Mund steckt. Da aber Querflötereien im heutigen Leben eher selten sind, ist dieser kleine Tick für Kasper S., der es inzwischen zum Generaldirektor einer Sparkasse gebracht hat, kaum ein Handicap.

Doch nun genug der Spreu! Widmen wir uns dem Weizen, dem **echten Suppenkapser!**

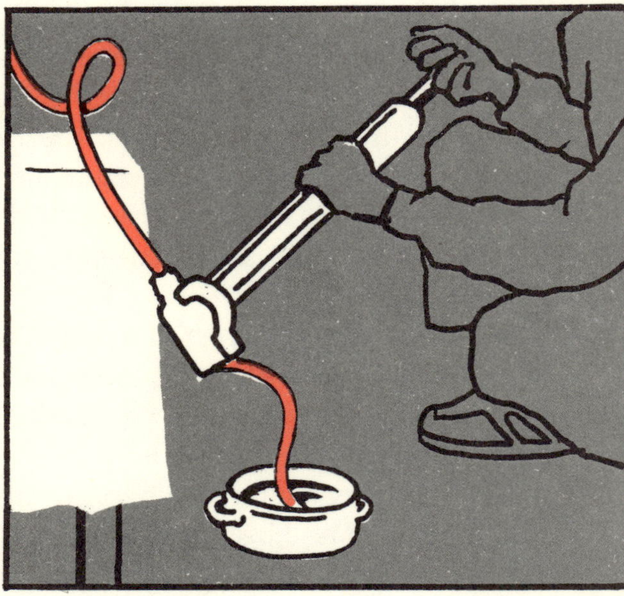

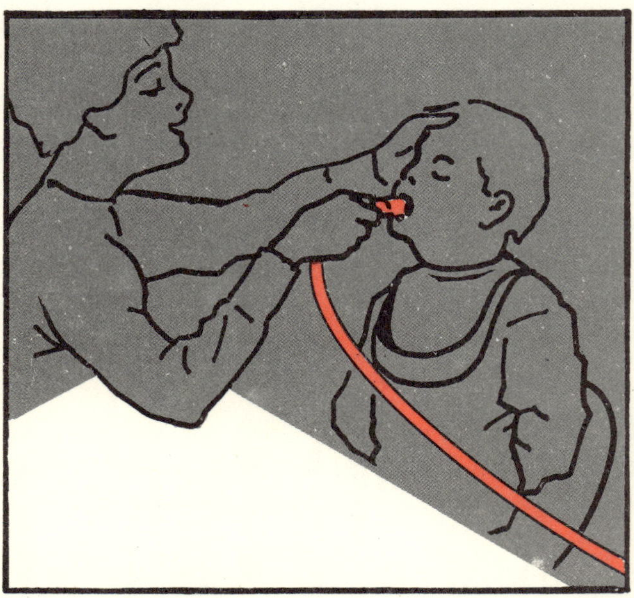

Der echte Suppenkasper

Der **echte Suppenkasper** ist üblicherweise leicht zu erkennen. Sein äußeres Erscheinungsbild ist eindimensional. Er hat nur eine Länge. Breite und Tiefe sind bei ihm zu vernachlässigen.
Allerdings gibt es auch die sogenannten **Täuscher.** Diese krönen ihre eindimensionale Figur mit einem kugeligen Kopfe. In wattierter Winterkleidung entziehen sie sich dadurch der Diagnose auf den ersten Blick. Doch ein beherzter Zugriff auf Brustkorb und Beine (herausragende Rippenbögen, Kamelknie) entlarven ihn schnell.
Aber auch der **Grenzfälle** sind viele! In solchen Fällen kommen die armen Eltern nie ganz aus dem Zweifeln heraus.
Ist unser Liebling zu mager und ein Suppenkasper? Oder ist er keiner?
Wieviel an Fleisch und Fett auf Kinderknochen zu sitzen hat, ist eine Frage, auf die es keine eindeutige Antwort gibt. Als Faustregel kann man sagen: gut um 10% weniger als die Eltern und Großeltern meinen!
Keineswegs aber ist ein Kind nur dann ausreichend ernährt, wenn es soviel Fett am Leibe hat, daß es – ohne Tempi zu machen – an der Wasseroberfläche verbleibt.

Taucht man ein Kind jedoch in wohltemperiertes Wasser (20 – 26 Grad Cel.) und klappert es in diesem bereits nach kurzer Zeit mit den Zähnen, tut es also das, was der Volksmund „bibbern“ nennt, dürfte Untergewicht vorliegen.

Weitere Anzeichen von Untergewichtigkeit:

- Wenn dem Kind die Hose des kleinen Bruders zu weit und die Hose des Vaters zu kurz ist.
- Wenn das Kind ein Armband geschenkt bekommt und es irrtümlich als Halsband anlegt und trotzdem keinerlei Atemschwierigkeiten hat.
- Wenn das Kind keinen Schatten wirft.
- Wenn das Kind in einem Schuh von passender Länge beide Füße bequem unterbringt.
- Wenn sich das Kind hinter einem Laternenpfahl vor Ihnen verstecken kann.
- Wenn Windstärke 4 und ein aufgespannter Regenschirm in der Kinderhand genügen, um das Kind vom Erdboden abheben zu lassen.

Treffen zwei dieser Merkmale auf Ihr Kind zu, ist es ein **Grenzfall.**
Treffen drei oder mehrere dieser Merkmale auf Ihr Kind zu, ist es ein **Suppenkasper.**

Die erste Frage hat nun zu sein:
Wodurch ist das Kind der Suppenkasperei anheimgefallen?

Was ist da schief gelaufen?
Wer hat da Fehler gemacht?

An vorderster Stelle würden wir da zuerst einmal eine sehr heikle Frage an die Mütter und Großmütter der Suppenkasper stellen (Wir würden diese Frage natürlich gern auch an die Väter und Großväter dieser Kinder stellen, aber da sich diese, allen neuzeitlichen Aufforderungen zum Trotze, immer noch nicht viel um die Kinderaufzucht scheren, hätte das wenig Sinn).
Die sehr heikle Frage ist also:
„Können Sie kochen gnädige Frau? Erzeugen Sie nicht vielleicht doch einen Schlangenfraß der übelsten Sorte, der arge Schluckbeschwerden macht?"
Tatsache ist jedenfalls, daß die Kinder von Meisterköchen zu 99% Prozent freudige Fresser sind.
O.k., O.k., jetzt regen Sie sich bloß nicht auf! Man wird ja noch fragen dürfen!
Na schön. In Ihrem ganz speziellen Falle ist es also nicht der Schlangenfraß, der Schuld an der Suppenkasperei hat. Aber in anderen Fällen, das geben Sie doch zu, könnte er sehr wohl Ursache von Verweigerung der Nahrungsaufnahme sein. Oder ist es Ihnen noch nie passiert, daß Ihnen der kleine Suppenkasper einer Freundin, als er bei Ihnen zu Besuch war, ein ganzes Backblech voll Zwetschkenkuchen weggefressen hat?

Nein? Eher umgekehrt? Ihr Suppenkasper frißt, wenn er bei Ihrer Freundin zu Besuch ist, dort die Backbleche leer? Na ja. Das kann ja passieren. Das muß nicht viel zu sagen haben.
Wir sind uns also einig: Sie können ausgezeichnet kochen, und Ihr Kind will trotzdem nichts von den servierten Köstlichkeiten hinunterwürgen.

Könnte es vielleicht sein, daß Ihr Kind,

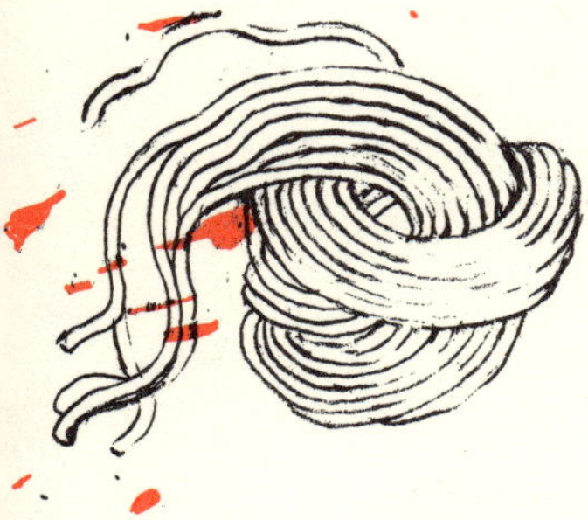

1. aus welchen Gründen immer, böse auf Sie ist und
2. Sie deswegen bestrafen will und
3. gemerkt hat, daß Sie leiden, wenn es Nahrung verweigert, und
4. Ihr Leiden als Ihre Bestrafung ansieht?

Genausogut könnte es nicht um Ihre Bestrafung, sondern um Ihre Aufmerksamkeit und Zuwendung gehen. Dann liegt der Fall so: Das Kind erhält
1. zuwenig Zuwendung von Ihnen und merkt,
2. daß ihm diese erteilt wird, wenn es
3. den Teller von sich schiebt und
4. **Meine Suppe ess' ich nicht** brüllt.

Im ersten Falle, wo es um die Bestrafung der Mutter geht, wäre es angebracht, den Wünschen und Forderungen des Kindes unverzüglich und in allen Punkten nachzukommen. Kinder sind nur sehr selten wirklich gemein und bestrafen daher kaum, wenn kein Anlaß für Rache vorliegt.

Im zweiten Falle, wo es um Zuwendung und Aufmerksamkeit geht, gibt es zwei diametral entgegengesetzte Möglichkeiten zur Konfliktlösung. Entweder Sie spendieren dem Kind auch außerhalb der Mahlzeiten etwas Zuwendung; was allerdings lästig fallen kann, wenn man nicht gerne mit Legosteinen baut, Barbie-Puppen ankleidet oder einen Computer bedienen mag. Oder: Sie ignorieren auch den Eß-Streik des Kindes völlig. Das macht absolut keine Mühe und bringt pro Tag mindestens noch eine zusätzliche Muße-Stunde ein. Dieses Vorgehen ist allerdings nur risikofreudigen Eltern anzuraten, weil die Chance, daß das total ignorierte Kind von selbst wieder zu essen beginnt, leider keine 100%ige ist. Und Kinder, die nichts essen, das weiß man aus Ländern, wo Hungersnot herrscht, verhungern ja tatsächlich!

Sind die Gründe **Schlangenfraß, Mutter-Bestrafung** und **Zuwendungsgier** auszuschließen, können wir noch folgende drei Gründe zur Suppenkasperei anbieten:

- **Zeitmangel**
- **Farb-Ablehnung**
- **Identifikationsscheu**

Zeitmangel

Da handelt es sich um einen harmlosen, leicht behebbaren Fall. Das Kind mag nicht essen, weil es von anderen Tätigkeiten weit eher fasziniert ist und für den langweiligen Akt der Nahrungsaufnahme keinen Raum im tagtäglichen Terminkalender frei hat.

Es wäre gemein, dem Kinde die Tätigkeiten, die es dem Essen vorzieht, vermiesen zu wollen. Viel eher schafft da die Vermusung des Menüs Abhilfe. Vermusung mit anschließender Dehydrierung, wodurch sich die nötige Essensportion auf wenige winzige Bröckchen reduziert, die mühelos beim Skate-Board-Rennen, in der U-Bahn, während des Gitarrespielens oder beim Petting (dies trifft nur auf größere Kinder zu) eingeworfen werden können.

Farb-Ablehnung

Mit diesem Problem schlagen sich vorwiegend sehr sensible, feinsinnige Kinder herum. Aber auch jeder feinsinnige Erwachsene wird ja wohl zugeben müssen, daß – zum Beispiel – Linsenbraun keine schöne Farbe ist. Bei den Linsen läßt sich das Problem leicht lösen, weil es auch rote (besser: orangefarbene) Linsen im Handel gibt. Auch das trübe Waldviertelknödelgraubraun ist durch kaum gesundheitsschädliche Schwefelung der Knödel in milchglasweiß zu verwandeln. Bei den meisten Gerichten braucht es jedoch etwas mehr Mühe, um sie schönzufärben.

Und kommen gar mehrere Speisen nebeneinander auf einem Teller zu liegen, bedarf es feinen Fingerspitzengefühls, der kindlichen Ästhetik gemäß zu servieren.

Kompositionen in allerlei Rottönen kommen bei Kindern meistens recht gut an. Möglich wäre da etwa:

Paradeissoße mit Himbeerjoghurttupfern garniert,
rote Rüben an gegrillten Marshmallows, oder
Paprika-Schlagobers unter Karotten-Splitt.

Grün-Kompositionen sind nicht anzuraten, da den meisten Kindern die grüne Farbe, vom Spinat her, verleidet ist. Blaue Mittagsteller entfallen ebenfalls, da in natur-blau nichts zu haben ist (Sogar Blaubeeren entpuppen sich unter der blauen Haut als spanischweinrot).
Für Kinder, die Gelb gern mögen, empfiehlt sich Mango-Gulasch mit Emmentaler überbacken, Williamsbirne in Essig und Öl, oder Erdäpfelschmarren mit Vanillesoße.
Will man nicht uni arbeiten, bringt – zum Beispiel – ein Mittagsteller, der den Lieblingspulli ihres Kindes imitiert, viel Freude.
Wie? Der Lieblingspulli ihres Kindes ist grün-lila gestreift und hat auf dem Vorderteil einen eingestrickten weißen Angora-Hund mit schwarzen Knopfaugen und roter Schnauze? Na, bitte! Dressieren sie Erbsenpüree in Streifen quer über den Teller, füllen sie die Zwischenräume mit Blaubeermarmelade, bestreuen mit Kokosflocken und garnieren mit zwei schwarzen Oliven und einer kleinen Piri-Piri-Schote. Und fertig ist die hübsche Eß-Überraschung!

Viel Eßjammer kommt auch daher, daß Kinder die Farbe Braun nicht ausstehen können. Das merkt man ja auch an ihren Buntstiften: Der braune Buntstift ist meistens noch in voller Länge vorhanden, wenn der rote, der blaue, der grüne und der gelbe nur mehr Winzlinge sind.
Leider kommt die Farbe Braun bei Nahrungsmitteln sehr oft und in allen Nuancen vor. Um so unschöne Kochprodukte wie Semmelknödel, Nockerln, Bohnensuppe, Schweinsbraten und dergleichen gefällig zu servieren, bedarf es der Anwendung von Lebensmittelfarben.
Dazu nur dieses: Während wir in unserer Versuchsküche mit himmelblauen Knödeln und Nockerln und dottergelbem Bohnengulasch gute Erfolge erzielten, läßt sich Fleisch und Fisch nicht immer hübsch einfärben. Bei Fleisch und Fisch vergoldet oder versilbert man besser. Oder verbirgt es unter buntem Zuckerguß.

Ein letzter Farbtip:

Reis, Grieß, Mehl, Maisstärke und alle anderen reinweißen Nahrungsmittel eignen sich natürlich besonders gut zum Färben. Blaue Weintrauben, schwarze Oliven, Rehfilet, Spinat und Feuerbohnen bedürfen eines „Aufhellers“ vor der Einfärbung. Diesen kauft man am besten beim Friseur.

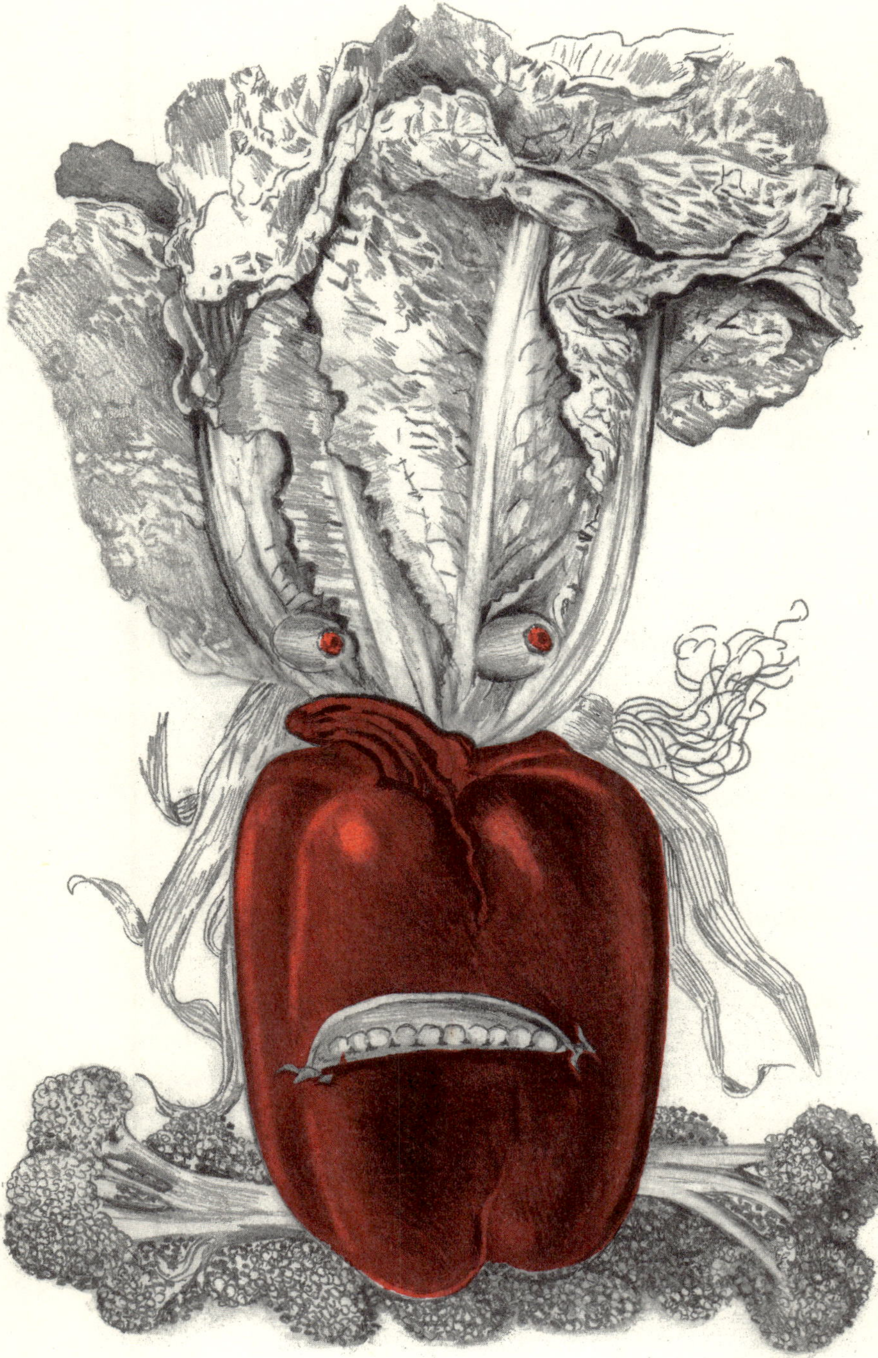

Identifikationsscheu

Hier liegt das große Problem darin, daß die Suppenkasperei bloß eines von vielen Symptomen einer großen Krise ist.
Aus diversen Gründen – gerechtfertigten wie unsinnigen – will das Kind mit seinen Bezugspersonen nichts gemein haben, will unter keinen Umständen sein wie diese, unterläßt also auch alles, was diese tun. Auch das Zähneputzen, das Monopoly-Spielen, das Artig-Grüßen, in argen Fällen sogar das Fernschauen. Und natürlich das Essen auch!
Rasche Abhilfe wird da geschaffen, wenn die Bezugspersonen das Essen radikal einstellen, wodurch das Kind, um sich von ihnen abzugrenzen, das Essen wieder aufnehmen muß. Doch das kann nur eine Überbrückungsmaßnahme sein, wenn die Bezugspersonen nicht verhungern wollen.
Merke: Geheimes Essen bringt nichts! Kinder merken alles, was sie nicht merken sollen!
Außerdem wäre es ja auch nur eine Symptombehandlung, die die Wurzeln des Übels nicht beseitigt. Die Freigabe des Kindes zur Adoption sollte ins Auge gefaßt werden. Möglich wäre auch ein Kindertausch, da ein großes Angebot von Kindern, die mit ihren Bezugspersonen nichts gemein haben wollen, auf dem Markt ist. Und ehrlich: Warum sollen Sie sich mit einem Balg abplagen, das Sie nicht leiden kann,

wo doch die Welt voll von Kindern ist, die gern gemeinsam mit Ihnen an einem Knochen nagen wollten?
Nur von wegen: Eigenes Fleisch und Blut? Das wäre denn doch ein wenig eng gesehen.

Wir stehen nun nicht an zuzugeben, daß mit den bisher angeführten Gründen die Suppenkasperei nur grob aufgeworfen und längst nicht total abgedeckt ist.
Zuviel individuelles Los, welches uns unbekannt ist, steht bei diesem Problem im Raume und läßt sich nicht so leicht in ein kleines Handbuch binden.
Sollte diese Unzulänglichkeit auch Ihren Fall betreffen, seien Sie bitte nicht betroffen, denn nun folgen viele nette Ratschläge, wie Sie das eßunwillige Kind, unter völliger Außerachtlassung von Gründen, Ursachen und Wurzeln, einfach austricksen können.

- Servieren sie weißen Reis auf weißem Teller, Spinat auf grünem Teller, Karotten auf orangefarbenem Teller oder Omelette auf gelbem Teller. So merkt das Kind überhaupt nicht, daß der Teller gefüllt ist und das widerliche Anfangsritual des I-GITT-I-GITT bei Tisch entfällt.
- Probieren Sie doch, das Kind, während es fernschaut, zu füttern. Aber nehmen Sie dazu so Platz (vielleicht im Rücken des Kindes), daß Sie den Blick auf den Bildschirm nicht verstellen. Füttern Sie auch nicht während des Kinderprogramms, sondern warten sie auf den Nacht-Film. Noch besser: Verlassen Sie sich nicht auf das TV-Programm. Legen sie lieber eine Monster-Horror-Video-Kassette ein.

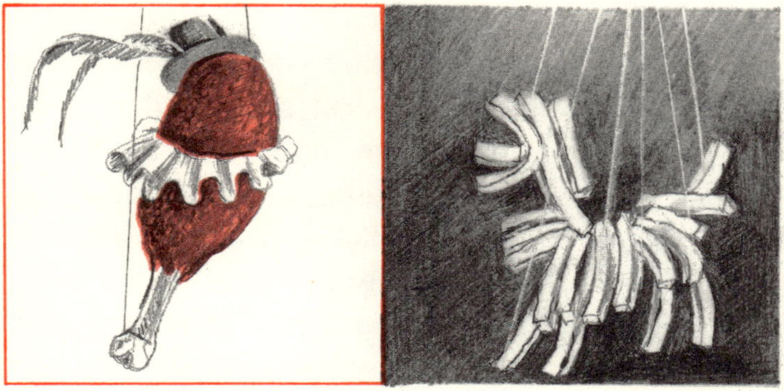

- Wunder wirken kann auch ein sehr großer Teller (Eine kreisrunde Aufschnittplatte einer Werkskantine etwa). Darauf wirkt eine Kinderportion winzig. Unter Umständen müssen Sie dann aber auch einen weitaus größeren Eßtisch wählen, damit das Kind den Überblick gänzlich verliert.
- Falls Sie händisch abfüttern, sollten Sie auch den richtigen Löffel aussuchen. Er soll nicht breit, sondern tief sein. Breite Löffel reißen dem Kind leicht die Mundwinkel ein. Tiefe Löffel dagegen (wie zum Bleigießen etwa) lassen sich leicht einführen. Und das Kind, das ja üblicherweise von oben her auf den Löffel schielen muß, sieht die Löffeltiefe nicht, meint also, bloß eine kleine Menge zugeführt zu bekommen.

- Ist der Löffel nun einmal eingefahren, schleudern Sie die Fracht hurtig gegen den Obergaumen. Das hat einen sofortigen Schluck-Reflex zur Folge, wodurch das langweilige Herummatschen in der Mundhöhle vermieden wird.
  Achtung: Den Löffel sofort nach dem Schleudern aus dem Mund ziehen, sonst verbiegt er sich.
- Jedes Kind öffnet binnen zwanzig Sekunden den Mund, wenn man ihm die Nase mit zwei Fingern zuhält!
- Besitzgier und Verlustangst wohnt auch schon dem Kleinkind inne. Probieren Sie doch einmal folgenden Trick:
  Sie stieren verzückt auf den Teller des Kindes, lassen Speichel aus Ihrem Mund tropfen, kreischen „Mir gehört das gute Pappi-Essen, mir gehört es!" und tun, als ob Sie die Kindsnahrung aufessen wollten. „Ham-ham-ham", machen Sie, halten den Teller unter den Mund und bewegen malmend die Kiefer.
  Viele Kinder fordern daraufhin kreischend den Teller zurück und löffeln ihn zügig leer.
- Kinder haben einen Herdentrieb und unterwerfen sich gern einem Gruppenverhalten. Laden Sie zum Mittagessen ein Dutzend freudige Fresser im Alter Ihres Kindes ein. Eingebunden in emsiges Geschmatze und Löffelgeklapper wird vielleicht auch Ihr Suppenkasper den Löffel heben.

- Animieren Sie durch nett geformte Speisen! Es gibt nicht nur Osterlämmer aus Biskuit und Nikoläuse aus Schokolade und Engel aus Marzipan. Mit etwas Übung wird aus Grießbrei eine Burg, mit einem Burggraben voll Apfelmus, einem Burgtor aus Pumpernickel und einem Rosengärtlein aus Radicchio. Auch Knödelteig braucht nicht kugelig-fade serviert zu werden. Er kann auch als Raupe auf den Tisch gebracht werden. Füllen sie die Knödelmasse in einen großen, länglichen Gefrierbeutel, binden Sie mit einem Zwirn in Raupengestalt ab, kochen Sie wie üblich und servieren sie auf Petersilienbett.

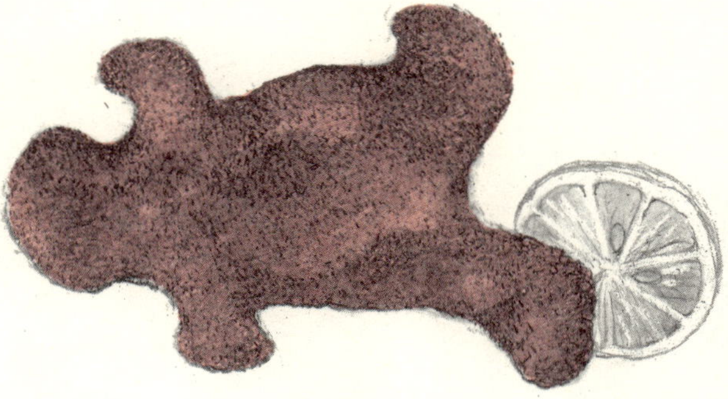

- Viele Eltern berichten auch, das Kind durch totale Verblüffung schachmatt setzen und mauloffen-eßwillig machen zu können. So hatte, zum Beispiel, ein fütternder Vater großen Erfolg, als er in der Kleidung der Mutter mit dem gefüllten Teller ankam.

Eine Großmutter wiederum hat folgendes Erfolgsrezept: Sie nimmt eine Handvoll Geldmünzen in den Mund, setzt sich zum Kinde und spuckt bei jedem Bissen, den das Kind schluckt, eine Münze aus. Die dann natürlich dem Kind gehört!
Allerdings hat diese Großmutter vor einigen Monaten mit 2-Groschenstücken angefangen und hat nun schon den Mund voll 10-Schilling-Silbermünzen!
Und eine Mutter war auch recht erfolgreich, als Sie beim Füttern alle verbotenen Pfui-Wörter lauthals von sich gab. Dies ist allerdings eine Methode, die leicht zur Abstumpfung führen kann, wenn die Mutter diesbezüglich keinen sehr weitreichenden Wortschatz hat.

Aber wie Sie Ihr Kind verblüffen können, wissen Sie wohl selbst am besten.
(In vielen Fällen wird es schon reichen, wenn Sie sich – ungewohnterweise – einmal nett und freundlich verhalten, um kindliche Verblüffung zu erreichen.)

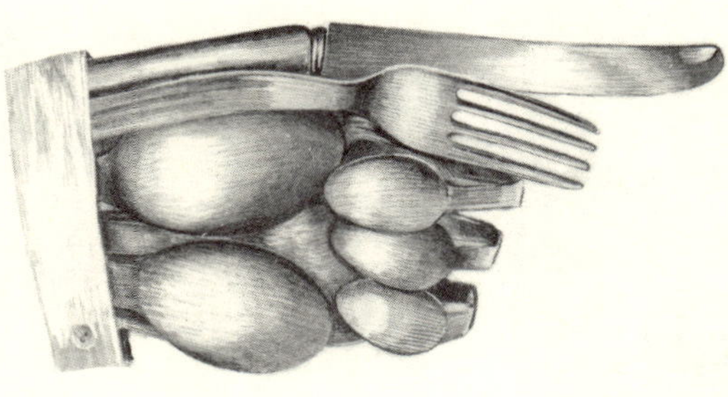

Fallstudie Bumpfi Sk.:

Bumpfi Sk. war als Baby ein „guter Esser“. Erst als er in das Selber-Eß-Alter kam und bei Tisch mit Löffel und Schieber an den Mahlzeiten teilnehmen durfte, fingen die Schwierigkeiten an.
Bumpfi Sk. aß nicht mehr, trank nicht mehr, greinte vom Beginn der Mahlzeit bis zu deren Ende und unterbrach das Gegreine nur, um schrille Schreie auszustoßen.
Die fortschrittlichen Eltern von Bumpfi Sk. brachten das Kind, als dieses merkwürdige Betragen nicht enden wollte, zu einem Kinder-Psychologen. Dieser war solange ratlos, bis er sich auf ein ausführliches Gespräch mit Bumpfis Schwester einließ. Die Schwester, zwei Jahre älter als Bumpfi, gestand schließlich ein, den kleinen Bruder während der Mahlzeiten unter dem Tisch mit einer langen Stricknadel zu stechen, um ihn vom Essen abzuhalten.
Sie hatte nie einen kleinen Bruder gewollt, wollte ihn daher wieder loswerden und war durch die Lektüre des Struwwelpeter, insbesonders der des Verses „...er wog nur mehr ein halbes Lot, am nächsten Tage war er tot!“ auf die stechende Stricknadel verfallen.
Als die Eltern einen Tisch mit Glasplatte anschafften, der Einblick in das Geschehen unter Tisch ermöglichte, wurde Bumpfi Sk. wieder zum „guten Esser“.

Weitere Fallstudien möchten wir – obwohl wir vier Ordner voll gesammelt haben – hier nicht veröffentlichen. Der Jammer an der Sache ist nämlich, daß man, wenn es um Kinder geht, stets auf die Aussagen der Eltern angewiesen ist. Und die lügen mehr als gedruckt!

Oder einfühlsamer gesagt: Sie stellen Schutzbehauptungen auf, um als gute Eltern dazustehen. Und diese Schutz-Lügen erzählen sie ihren Kindern so oft, daß die Kinder, einmal groß geworden, dann die Schutz-Lügen der Eltern für die eigenen Erinnerungen halten.

Was bringt das schon?

Genau!

Nichts!

Also wenden wir uns lieber dem zweiten Abschnitt, dem **Vielfraß** zu.

DER VIELFRASS

Auch diese eßschwierige Kindersorte tritt uns in zwei ganz grundverschiedenen Erscheinungsbildern entgegen:
Der **dünne Vielfraß** und der **dicke Vielfraß.**

Der dünne Vielfraß

Der **dünne Vielfraß** kann eigentlich nicht als Problemkind angesehen werden. Selbst dann nicht, wenn es ein Bandwurm sein sollte, der den Esser schlank erhält, denn Bandwürmer sind heutzutage von jedem unbedarften Jung-Mediziner mit nicht mehr als einer Auto-Apotheke zu überlisten. (Gewöhnliche Spulwürmer sind so bescheiden, daß sie hier, im wahrsten Sinne des Wortes, kaum ins Gewicht fallen.)
Aber Bandwürmer sind ja in 99,9% der Fälle auszuschließen. Daher kann man am dünnen Vielfraß helle, ungetrübte Freude haben, denn elterliche Liebe in zügellose Nahrungszufuhr umsetzen zu dürfen, ist und bleibt die müheloseste und konfliktfreieste Art von Zuwendung, die überhaupt nur möglich ist.
Es ist übrigens auch – vice versa – die einfachste Art, Kindesliebe auszudrücken, wenn man alles aufißt, was einem Mütterchen kredenzt.

Voll der Rührung sagen zu dürfen „Was ich koche, schmeckt ihm halt so gut!“, erfüllt nicht nur Mütter und Großmütter, sondern auch echte Tanten und Wahl-Tanten, Nachbarinnen, Hausbesorgerinnen und Mütter von Schulfreunden mit tiefer Freude.
Fast alle Frauen sehen ja, fixiert auf ihre weibliche Rolle, im Füttern ein gut Stück ihrer Bestimmung!
Nimmt man die Produkte ihrer Kochkunst willig an, fühlen sie sich selbst angenommen. Das erzeugt Selbstwertgefühl! Da spricht das Unterbewußte in aller gebotenen Bescheidenheit: Wenn man gern ißt, was ich koche, kann ich doch kein ganz übler Mensch sein!
(Besonders Frauen, die ansonsten mit ihren Kocherzeugnissen schlecht ankommen, können ihre ganze Liebe an ein Kind hängen, welches genüßlich Apfelkuchenasche, Bröckerlspinat, zähe Lammkeule oder zu Papp gekochte Nudeln aufißt.)

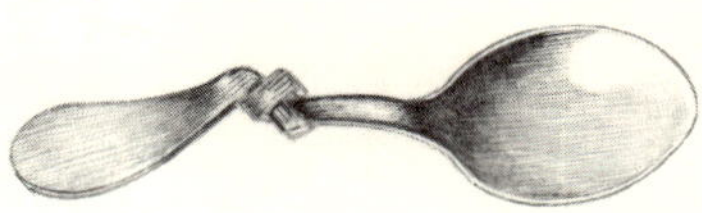

Und so ist der schlanke Vielfraß allerorten, wo es Nahrung gibt, eine beliebte Erscheinung!

Campbell's
CONDENSED
TOMATO
SOUP

In Familien allerdings, wo am Hungertuche genagt wird, sei es, weil echter Notstand herrscht, sei es, weil man beschlossen hat, das Familieneinkommen eßfremd anzulegen, mag der Vielfraß lästig sein. Denn, so unglaublich es auch klingen mag, ein Vielfraß kann in einem Jahr leicht den Gegenwert eines Kleinwagens verputzen, so man hochwertige Nahrung an ihn verfüttert.

Vier Handsemmeln mit Parma-Schinken, zwei Tafeln guter Schweizer Schokolade, ein tüchtiges Mastochsen-Steak, ein Liter frisch gepreßter Orangensaft und etliche nette Zwischendurch-Häppchen pro Tag ergeben leider pro Jahr an die hunderttausend Schilling (Stand Jänner 1989).

Daher scheint es angebracht, das Kind – schon bei den ersten Anzeichen von Vielfresserei – erst gar nicht mit teuren Luxus-Lebensmitteln in Eß-Kontakt zu bringen.

Merke: *Der Gaumen gewöhnt sich schnell an Köstliches, aber er kommt nur schwer wieder davon los!*

Nützlich wäre es in solchen Fällen, die gute, alte Sitte des getrennt Speisens von Eltern und Kindern (der Katzentisch) wieder aufzunehmen. So merkt der kleine Vielfraß gar nicht, was seine Eltern auf den Tellern haben und gibt sich, ohne zu motzen, seiner unterkastigen Billig-Speise hin.

Sollte dies aber nicht möglich sein, weil heutige Kinder ja sehr oft nicht tun, was ihre Eltern anregen, muß man halt eine erziehliche Notlüge benutzen und teure Leckerbissen als „arg gesundheitsschädlich und gefährlich" denunzieren.
Viele Eltern, wird uns glaubwürdig berichtet, hatten guten diesbezüglichen Erfolg, indem sie sich mit total angewiderten Gesichtern und kummerfaltigem Munde zu Tisch setzten und Langusten und Hummern, Kalbslungenbraten und Lachs, weiße Trüffeln und Saibling-Soufflee unter lauten I-Gitt-I-Gitt-Kundgebungen verspeisten.
Die Angst, das Kind könnte sich wundern, daß die Eltern derart gesundheitsschädliche und abscheuliche Nahrung zu sich nehmen, ist unbegründet. Kinder sind an solche Widersprüche gewohnt. Eltern rauchen und saufen ja schließlich auch, und warnen ihre Kinder unentwegt und vehement vor Alkohol und Nikotin.

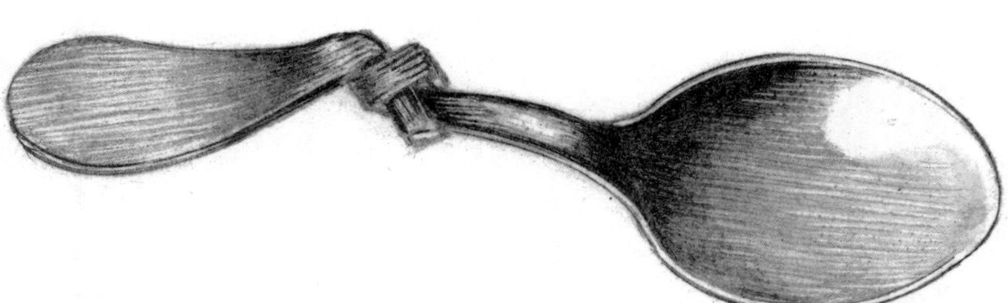

Nun ein paar einfache Tricks, wie man den dünnen Vielfraß ohne viel Mühe oder Kosten bei Laune erhalten kann:

- Popcorn, selbst aufgebläht, beschäftigt Vielfresser lange Zeit.
- Auch Mehlspeisen mit dreifacher Treibmittelzugabe (egal ob Germ, Backpulver oder Sauerteig) machen recht viel her.
- Sogar Faschiertes (Hackepeter) kann mit Zusatz von Treibmittel so hoch auflaufen, daß es den Vielfraß gut zehnmal so lange am Schlucken hält, wie ein Steak aus der gleichen Menge Fleisch.

Abzuraten ist von den „harten Brocken"!
Die Annahme vieler Eltern, man könne den Vielfraß mit schwer verdaulichen Speisen füttern, also mit solchen, die lange im Magen unverdaut liegen bleiben, und ihn damit von weiterer Nahrungsaufnahme abhalten, ist eine irrige.
Der dünne Vielfraß schert sich nämlich um seinen Magen überhaupt nicht!
Er will schmecken und kauen und schlucken! Was unterhalb seiner Kehle passiert, ist ihm gleichgültig.
Genau zu achten ist ferner darauf, daß das Kind die Vielfresserei nicht als Leistungssport betreibt. Etwa, weil es die Absicht hegt, ins „Buch der Rekorde" aufgenommen zu werden.

Anzeichen für diese Verirrung zeigen sich – zum Beispiel – dann, wenn das Kind sämtliche Kerne der verschlungenen Zwetschkenknödel in Zweier-Reihen neben dem Teller auflegt und die Zweier-Reihen zu Zehner-Grüppchen ordnet. Da hat sich Hochleistungssportbewußtsein eingeschlichen! Sollte es gar so weit kommen, daß das Kind drei andere dünne Vielfraße zum Knödelessen mit nach Hause bringt und diese dann Knödel verschlingend, gegenseitig ihre Kern-Grüppchen ehrgeizigen Auges begutachten, ist ein Riegel vorzuschieben!
Im Falle der Zwetschkenknödel bedarf es da nur etwas mehr der Mühe. Da gilt es einfach, die Kerne vor der Verknödelung aus den Zwetschken zu entfernen und durch ein Stück Zucker zu ersetzen. Wodurch die Knödel an Geschmack ohnehin enorm gewinnen und dem kleinen Guiness-Dödel das leistungsbewußte Zwetschkenkernzählen verunmöglicht wird.
Da also der dünne Vielfraß – im großen und ganzen gesehen – eher ein Segen als ein Harm ist, haben wir uns als Fallstudie eine ausgesucht, die den Aspekt der Langzeitfolgen im Schicksale eines dünnen Vielfraßes beleuchtet; denn hier kann tatsächlich Gefahr schlummern!

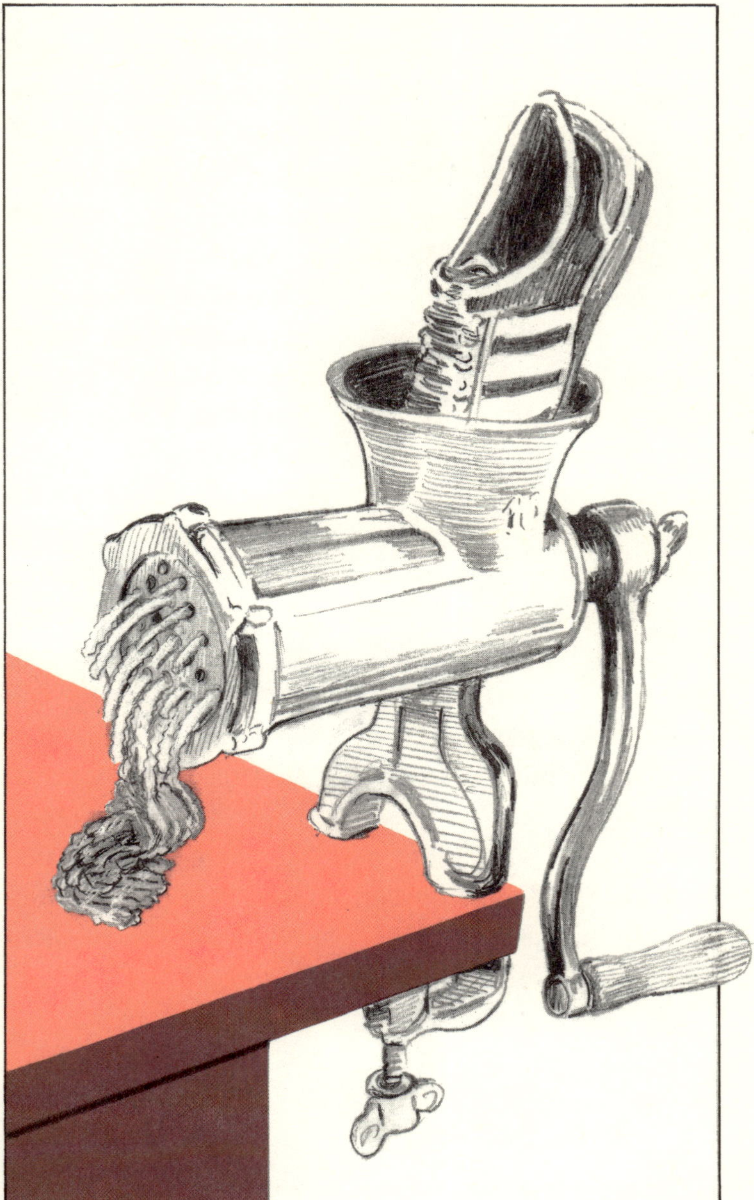

Fallstudie Evita A.

Evita A. kam als Tochter eines Oberkellners und einer Wirtshausköchin auf die Welt. Sie war von Geburt an eine tüchtige Esserin, und da Essen im elterlichen Haushalte stets reichlich vorhanden war, weil sowohl der Vater als auch die Mutter hochwertige Abfälle in großer Menge von den Arbeitsstätten heimschleppten, konnte Evita aus dem Vollen schöpfen! Und niemand verwehrte dem zaundünnen Mädchen dieses. Ganz im Gegenteil! Man spornte Evita unentwegt zur Nahrungsaufnahme an.

Einerseits meinte man, das dürre Kind brauche eben, um ein wenig Fleisch und Fett anzusetzen, wesentlich mehr Zufuhr an Kalorien als andere Kinder. Und anderseits, und das war Hauptgrund zum Ansporn, wollte man ja das viele gute Essen, das man heimgeschleppt hatte, nicht verderben lassen. Das wäre Sünde gewesen!

Tagtäglich bekam Evita von Vater und Mutter zu hören:

„Iß nur, iß! An dir bleibt eh nix hängen!"

So fraß sich Evita genüßlich durch die Jahre und blieb zaundürr.

Im Alter von einundzwanzig Jahren heiratete sie einen Delikatessenhändler und staunte über die vielen Kundinnen, die aus Angst vor Molligkeit nur

Mager-Käse und Diät-Wurst erstanden. Und sie erklärte jedermann mit vollem Munde: „Ich ess', ich ess' nur! An mir bleibt eh nix hängen!"
Eßmäßig war die Lage für Evita ziemlich gleich geblieben, da in einem Delikatessenladen genausoviel leicht verderblicher Überfluß anfällt wie im Oberkellner-Köchin-Haushalt. Und Evitas Wertvorstellungen hatten sich ja nicht gewandelt. Nach wie vor war es Sünde für sie, Essen verderben zu lassen.
Die Jahre vergingen, Evita bekam drei Kinder und vergrößerte, mit ihrem Mann gemeinsam, den Delikatessenhandel.
Es kann nicht mehr exakt recherchiert werden, wann Evita angefangen hat, ein guter „Futterverwerter" zu werden (üblicherweise setzt diese Phase mit dreißig Jahren ein). Man weiß also nicht genau, seit wann an ihr doch etwas „hängen blieb".
Sie selbst jedenfalls – abgelenkt durch Haushalt, Delikatessenhandel und Kinderaufzucht – bemerkte diesen Umstand erst, als sie bereits hundert Kilo wog. Und dies bei einer Größe von einem Meter und fünfzig Zentimeter!
Nun hockt Evita, total verdattert, stundenlang vor dem großen Spiegel in ihrem Schlafzimmer und murmelt ihrem Spiegelbild zu: „Aber an mir bleibt doch eh nix hängen!" Ihr Mann muß sich mutterseelenallein um den Delikatessenhandel kümmern, der Haushalt verludert, die Kinder verlottern!

Da sie völlig unansprechbar ist, kann man ihr auch den Gedanken an eine Abmagerungskur nicht nahebringen. Tut man es doch, wispert sie etwas von „Sünde".

Wie diese Frau mit ihrem Leben weiter zurechtkommen soll, ist auch Experten ein Rätsel.

Der dicke Vielfraß

Bevor wir uns näher auf ihn einlassen, wollen wir in aller Eindeutigkeit feststellen: **Jedes dicke Kind** ist ein Vielfraß! Sämtliches Bezugspersonen-Gefasel von „Drüsen" oder den ominösen „Fettzellen" ist simple Schutzbehauptung, um Schuldgefühle zu verdrängen!

Die Frage ist nun: Wann hat ein Kind als zu dick zu gelten?

Man sollte ja meinen, dies wäre leicht festzustellen, doch in der harten Praxis zeigt sich, daß sich Eltern und Großeltern sehr schwer damit tun, wenn es um ihren eigenen Nachwuchs geht. Ihre Wahrnehmung gerät da aus dem Lot.
Ihr liebender Blick dehnt das Kind etwa enorm in die Länge. Und ihr liebender Zugriff ertastet Wabbelfett als beinharte Muskulatur.
Oder sie mutmaßen allerhand über „schweren Knochenbau" und unterstellen dem Kinde, sein Skelett hätte das spezfische Gewicht von Eisenerz oder Blei. Selbst Waage und Meßlatte besagen ihnen also gar nichts! Logischerweise kommt es auch darauf an, wie füllig Eltern oder Großeltern selbst sind. Die Kugel-Figur eines Kindes ist unter lauter Zaunlatten leichter wahrzunehmen als unter Pfosten! (Siehe auch Kapitel: Der falsche Suppenkasper)

Auch die gute, alte Faustregel: „Größe in cm – 100 = oberste Grenze des Normalgewichts“, kann ja nur für erwachsene Personen gelten, weil sie bei Kindern unter einem Meter Körperlänge irreale Ergebnisse liefert (98 – 100 = – 2!)

So hat man kindliches Übergewicht als weit differenzierter zu beschreiben.

Warnsignale für beginnende Fettleibigkeit beim Kinde können sein:

- Wenn das Kind mit der Zeit Schlitzaugen bekommt, ohne daß sich da ein asiatischer Urahne durchmendeln könnte.

- Wenn das Kind bar jeden Halses ist.
- Wenn dem Kinde die Ohren, die ihm als Neugeborenes vom Kopfe abstanden, auf einmal anliegen.
- Wenn das männliche Kind weibliche Brüste bekommt.
- Wenn dem Kind andauernd die Knöpfe vom Hemd (von der Bluse) abspringen, obwohl sie sorgfältig angenäht wurden.
- Wenn das Kind, nach kürzerem Spaziergange, Schenkel mit roten Innenseiten zu beklagen hat.
- Wenn man von den Hosenbeinen neu gekaufter Jeans einen halben Meter abschneiden muß, daß das Kind nicht im Ziehharmonika-Look herum laufen muß.
- Wenn das Kind frohgemut in der Unterwäsche im Schnee herumspielt und keinen Anlaß sieht, einen Pullover überzuziehen.
- Wenn das Kind einen Finger spielerisch in den Hals einer Milchflasche einführt und es die ganze Familie braucht, um den Finger wieder aus dem Flaschenhals herauszubekommen.
- Wenn sich die Eltern, beidseits des Kindes in der Touristenklasse eine Charter-Flugzeugs sitzend, sehr beengt vorkommen.
- Wenn des Kindes Schuhwerk dergestalt kaputt zu gehen pflegt, daß das Oberleder regelmäßig dort aufplatzt, wo es mit der Schuhsohle verbunden sein sollte.

- Wenn es dem Kinde nicht mehr gelingt, sich eigenhändig die Zehennägel zu säubern oder zu schneiden.
- Wenn das Kind in sitzendem Zustand leicht einschläft, weil der Magen von unten gegen die Lunge drückt, wie ein Pneu wirkt, die Lunge also am Atmen hindert, und dadurch Sauerstoffmangel im Gehirn entsteht.
- Wenn man des Kindes primäre Geschlechtsmerkmale auch in nacktem Zustand nicht sehen kann, weil sie von der „Bauchschürze" verdeckt sind.

Gewiß, gewiß! Alles hier Aufgelistete kann auch andere Gründe haben als Übergewicht! Nervöse Kinder neigen dazu, Knöpfe so lange zwischen den Fingern zu „wuzeln", bis der Knopfhals „abgedreht" ist, Nagelscheren sind oft stumpf, und Kinderschuhe sind nicht mehr von bester Qualität, Jeans zu lang und Schenkelhaut zu dünn! Und wer weiß wirklich über alle Urahnen, die sich durchmendeln können, Bescheid?

Schließen wir also einen Kompromiß und sagen wir: Treffen mehr als die Hälfte der obig angeführten Fettleibigkeitsmerkmale auf Ihr Kind zu, dann dürfte es etwas Übergewicht haben!

Übrigens: Daß ein Kind jeglicher sportiven Tätigkeit abhold ist, kann – muß aber nicht – mit Übergewicht zu schaffen haben.

Auch normalgewichtige und dazu noch hochintelligente Kinder zeigen sich oft gegen so läppische Tätigkeiten wie Bockspringen, Radschlagen, Seilklettern und Häschenhüpfen resistent.
Am besten wird es sein, man überläßt im Zweifelsfalle das Urteil Personen, die keinerlei emotionalen Bezug zum Kinde haben.
Schulärzte sind dafür nicht geeignet. Sie übertreiben gern.
Lehrer kommen dafür auch nicht in Frage. Sie sind selten objektiv.
Der sprichwörtliche „Mann von der Straße" (Frau von der Straße geht natürlich auch. Oder Straßenmädchen) wäre wohl am besten geeignet.
Den sichersten Blick haben diesbezüglich freilich die gleichaltrigen Normal-Kinder. Diese äußern jedoch ihre Beurteilung oft so ungeniert, rüde und taktlos, daß man als sensibler Elternteil geschockt werden könnte.
Hat man nun, egal wo und bei wem, das Urteil über die Körperlichkeit des Kindes eingeholt und sich dazu durchgerungen, sein „eigen Fleisch und Blut" als zu üppig zu erkennen, tut sich natürlich auch hier wieder die schwierige Frage nach den tieferen Gründen auf:

Warum frißt sich das Kind fett?

Wer oder was hat da die Schuld daran?

Merke: *Eigenschuld des Kindes läßt sich von vornherein ausschließen.*
Kinder sind nie schuld!
(So unangenehm Eltern dieser Sachverhalt auch sein mag.)
Diese lästige Schuldfrage ist der erste Haken an der Problematik, für den die passende Öse noch zu finden sein wird.
Üblicherweise nämlich wird, wenn die Schuldfrage aufgeworfen wird, zuerst einmal ein Verdacht geäußert, der die Eltern von dicken Kindern in allergrößte Verzweiflung stürzen kann.
Dieser Verdacht kommt von der Psychologie her und besagt, daß die Freßfreude eine Sucht sei, die Mangel anderer Art abzudecken versuche.
„Na klar! Ersatzbefriedigung!" tönt es da. Und: „Wer sich ungeliebt fühlt, der frißt eben!" Und: „Weil sie keine Liebe bekommt, tröstet sie sich mit Bonbons!"
Nun ja! Psychologen mögen dieser Meinung sein und die, die gern Trost-und-Ratspalten in Illustrierten lesen, auch. Doch wir, mit unserem kränklichen Hausverstand, mögen denn doch in aller Bescheidenheit auf folgendes hinweisen:
Es sind unzählige Fälle belegt, wo sich Menschen aus Mangel an Nahrung der käuflichen Liebe hingegeben haben, aber es ist kein einziger Fall wirklich belegt, wo sich ein Mensch aus Mangel an Liebe der käuflichen Nahrung hingegeben hätte. Wird dieses

behauptet, so entpuppt es sich stets als recht „unwissenschaftlich". Und überhaupt haben es dicker Kinder Eltern schwer genug im Leben. Ihnen auch noch Lieblosigkeit vorzuwerfen, bringt ihnen gar nichts! Hacken wir also – obwohl das leicht fiele – nicht weiter auf den Bezugspersonen herum, sondern rollen wir lieber den **dicken Vielfraß** so auf, daß Eltern, Großeltern und sonstige Futtergeber unbelästigt bleiben; von seinem Freß-Habitus her also!
Und da unterteilen wir in:

1. **Der heimliche Fresser**
2. **Der dumpfe Fresser**
3. **Der Wegfresser**
4. **Der Blindfresser**
5. **Der Genußfresser**

(Auch hier ist es natürlich wiederum möglich, daß sich in einem Kinde zweierlei Mißverhalten eingenistet haben. Etwa: Der heimliche Genußfresser, der blinde Wegfresser, der dumpfe Blindfresser ... usw.)
Nun jedoch im einzelnen zu den verschiedenen Spielarten:

Der heimliche Fresser

Wo Eltern sich über die zu komplette Figur ihres Kindes im Klaren sind und Abhilfe schaffen wollen, wird der heimliche Fresser gezüchtet. Er ist der auf Diät gesetzte Vielfraß! Was bleibt einem Kind denn auch anderes übrig, als scheinheilig elterliche und ärztliche Diät-Vorschläge hinzunehmen? Das Kind hat ja keine Machtmittel, um sich zur Wehr zu setzen. Und wer der Macht entbehrt, muß zur List greifen.

Der heimliche Fresser kann seiner Neigung, oder sagen wir lieber: seinem zwanghaften Verhalten, derart geheim nachgehen, daß er auch argusäugige Personen zu täuschen vermag, die dann wahrhaftig zur felsenfesten Meinung kommen, dem „armen Kinde schlage sogar die Null-Diät an“! Der heimliche Vielfraß öffnet mit einem Federmesserchen Vorratspackungen aller Art, entnimmt hurtig zwei Handvoll des Inhaltes und verschließt wieder mit Alles-Kleber. Er verkauft zu Billigstpreisen seine Matchbox-Sammlung, Stück für Stück, und ersteht dafür auf dem Heimweg von der Schule Billig-Semmeln (in der Zehner-Packung) und mampft diese, um für die mittägliche Diät-Karotte magenmäßig wohl gerüstet daheim anzukommen.

Es ist auch ein Fall bekannt, wo ein heimlicher Fresser sämtliche Gläser der hausgemachten Marmelade sorgfältig öffnete, aus den Marmeladen Trichter fraß, diese mit Trockenerbsen auffüllte, mit Marmelade wieder abdeckte und hierauf die Gläser sorgfältig wieder mit Gummiring und Cellophan verschloß. Sein Treiben wurde erst offenbar, als regallang der Schimmelbefall überhand nahm.
Auch kennen wir einen Fall, wo ein begabtes Kind im Keller auf einem kleinen Spirituskocher mehrmals täglich herstellte, was ihm der Mittagstisch verweigerte.
Was hilft da? Da hilft nur: Kontrolle rund um die Uhr! Aber Hand aufs kinderliebende Herz! Soll man wirklich einen armen Wurm, dem der Magen unentwegt entsetzlich knurrt, auch noch dieser entsetzlichen Tortur unterwerfen?
Man weiß ja schließlich, was später einmal aus überbetreuten Kindern wird.
Komplette Spinner, Eigenbrötler, Querulanten und Jammerlappen werden sie!
Und stellen Sie sich doch einmal vor, das Übergewicht Ihres Kindes wäre nur der berühmte Babyspeck gewesen, den die pubertäre Schmelze sowieso hinweggerafft hätte!
Na eben! Da hätten Sie dann ja Ihr armes Kind völlig sinnlos zu einem Spinner, Eigenbrötler, Querulanten und Jammerlappen verbogen!

Der dumpfe Fresser

Er wird auch **lustloser Schlinger, mürrischer Stopfer** und **Frust-Mampfer** genannt und ist eine triste Erscheinung, über die wir eigentlich aus Taktgründen gar nicht viel Worte verlieren sollten.

Nur soviel:

Feste, aber weiche Nahrung, wie Germstriezel oder Dampfnudeln, bevorzugt er. Da kann er mühelos Brocken abreißen und stopfen. Auch löffelfähige Konsistenz der Speisen nimmt er gern an. Dick eingebrannte Bohnen, zum Beispiel. Oder Erdäpfelgulasch.
Nahrung, die mit Messer und Gabel zu verzehren ist, liegt ihm weniger, denn das Hantieren mit solchem Geräte hält vom rhythmischen Mampfen ab. Darum schneidet der **dumpfe Fresser** sein Menü vor dem Verzehr kurz und klein, vermantscht alles zu einer Art Labskaus und macht sich mit dem Löffel darüber her.
Dem guten Beobachter scheint es so, als habe der **dumpfe Fresser** kaum Freude an seiner Eß-Tätigkeit. Es läßt sich eher vermuten, er wolle bloß eine innere Leere beseitigen und sei schon ganz verzagt, daß ihm das, trotz großer Mühe, nicht gelingen will. Ob diese Beobachtung der Realität entspricht, ist

schwer zu sagen, weil **dumpfe Fresser** wortkarge Kinder sind, kaum bereit, ihre seelischen Probleme zu verbalisieren.
Bekannt ist auch, daß sich diese Kinder schwer tun, den unverwertbaren Teil des Verschlungenen wieder herauszurücken.

Aus den USA, wo es ja alles gibt, ist sogar ein Fall bekannt, wo ein **dumpfer Fresser** in seine Portion Vermantschtes immer einen Eßlöffel Zement einrührte. Das Kind meinte, so die Nahrung im Magen festbetonieren zu können.
Kein Wunder, daß sämtliche, von der Mutter eingeflößte Abführmittel keine Wirkung zeigten!
Findet man es störend, einen **dumpfen Fresser** im Hause zu haben, gilt es aufzuspüren, ob im Kinde irgendein anderes Interesse schlummern könnte, welches es zeitweise vom Verschlingen von Eßbarem abhalten könnte. Um dies zu eruieren, hält man dem Kinde, während es schlingt, wahllos Gegenstände vor die Augen. Sollte man merken, daß beim Vorzeigen eines der Gegenstände ein Hauch des Interesses das trübe Kinderauge zum Aufflackern bringt, ist man auf dem richtigen Weg!

Geben Sie nicht auf, bitte!
Ein Vater weiß zu berichten, daß er schon völlig verzweifelt aufgeben wollte, weil er meinte, er habe seinem Kinde bereits alles vor die trüben Augen gehalten, was auf Gottes weiter Welt an Interessantem zu finden sei. Doch dann versuchte er es mit einer Kellerassel. Und es klappte!
Nun ist er stolzer Vater eines ranken Sohnes, welcher sechs Terrarien mit unzähligen Kellerasseln auf das liebevollste betreut.

Der Wegfresser

Bei dieser Spielart der Vielfresserei geht es um ein Symptom einer Eigenart, die im Grunde genommen eßfern zu suchen ist.

Der Wegfresser beißt von den Jausenbroten sämtlicher Schulkollegen ab. Je mehr sich diese dagegen wehren, umso gieriger wird er.

Er hat auch immer seine Finger in den Tellern der anderen Familienmitglieder.

Und nicht selten kommt es vor, daß er Mundraub begeht und kleineren und schwächeren Kindern die Bissen zwischen den Zähnen herausholt.

Er ist nämlich von der fixen Idee besessen, daß er grob benachteiligt wird, daß alle anderen „viel mehr" und „etwas Besseres" bekommen.

Sieht man davon ab, daß seine Überzeugung auch zu recht bestehen könnte, sollte man sich um den **Wegfresser** nicht allzuviel sorgen.

Ein kleiner **Wegfresser,** den wir im bunten Jahrmarkttreiben beobachten konnten, entriß im Vorbeidrängen trägen, unachtsamen Kindern eine Banane, zwei Eistüten, drei Zuckerschlecker, vier Schaumspitze und fünf Brezen und bewerkstelligte dies derart umsichtig und klug, daß keinerlei Verdacht auf ihn fiel.

Solche Kinder setzen sich im Leben prächtig durch, da sie eben – größer werdend – ihre Aneignungstendenzen nicht nur auf die Nahrungsaufnahme beschränken, sondern sie auf sämtliche irdische Güter ausweiten.

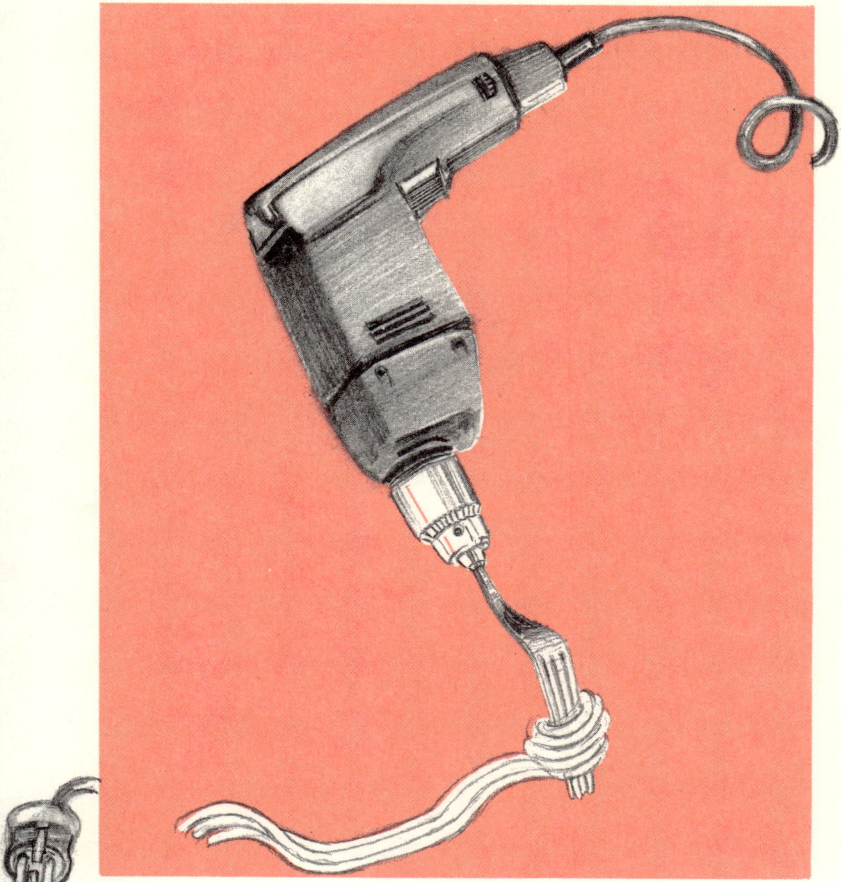

Merke: *Manch fetter Millionär hat als kleiner Wegfresser seine Karriere begonnen!*

Der Blindfresser

Der Blindfresser weiß nicht, daß er Nahrung aufnimmt! Er greift nach Eßbarem, steckt es in den Mund, kaut, schluckt und ist sich dieses Vorganges nicht bewußt. Das rührt wohl daher, daß das Essen beim **Blindfresser** eine Zweit-Tätigkeit darstellt.

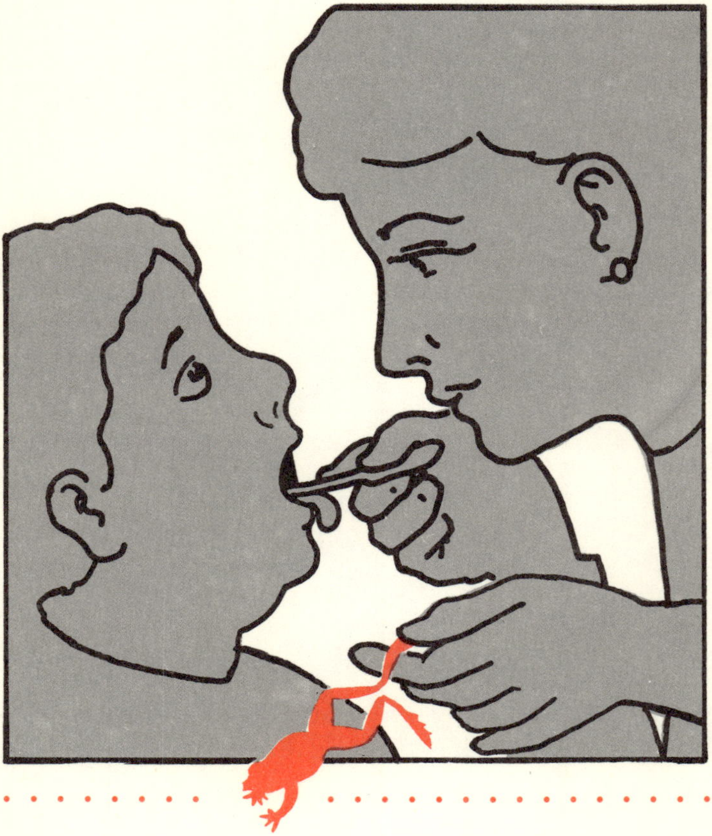

Bei Tisch, wo das Essen zur Erst-Tätigkeit wird, bleibt er meistens genügsam.
Seiner blinden Neigung geht er nach, wenn er ein gutes Buch liest oder einen schlechten Fernseh-Film sieht. Wenn er aufmerksam jemandem lauscht oder wenn er im Fond des elterlichen Autos sitzt und stundenlang das lustige Treiben auf der Autobahn anguckt. Oder wenn er im Schweiße seines Gehirns seine Hausübung schreibt, beziehungsweise wenn er ein Gedicht auswendiglernt.

Es kann vorkommen, daß ein **Blindfresser** eine ganze Familienpackung Salzstangen auffrißt und hinterher seine Schwester oder seinen Bruder grün und blau haut, in der ehrlichen empörten Meinung, der Bruder oder die Schwester habe alle Salzstangen aufgegessen und ihm keine einzige gegönnt.
Hier heißt es, Unbewußtes bewußt zu machen!
Dank preiswerter Elektronik gibt es heute in vielen Haushalten schon Video-Kameras. Man filme also den Blindfresser bei seiner Lebensführung und zeige ihm dann den Film so lange, bis er sein Verhalten erkannt hat.

Dann kann er sich bewußt entscheiden, ob er mit dem Vielfressen aufhören will oder ob er sich zu einem Wegfresser, einem Dumpfen Fresser, einem Heimlichen Fresser oder einen Genußfresser umschulen lassen will.

Der Genußfresser

Wie schon sein Name sagt, ist er dem Wohlgeschmack der Speisen verfallen. Essen ist seine große Leidenschaft!

Der Genußfresser, gleich welchen Geschlechts, kennt schon in früher Kindheit den Unterschied zwischen Räucherlachs und Graved Lachs, zwischen Schweinsfilet und Kalbslungenbraten, zwischen weißer und schwarzer Trüffel (blind!).

Sein Unterkiefer beginnt unbeherrscht zu beben (wie bei Katzen, die Vögel sehen) wenn man ihn an einem Schaufenster vorbeiführt, in dem ein Parma-Schinken ausgestellt ist.

In 3-Hauben-Lokalen erringt er sich durch Fachgespräche mit dem Oberkellner Anerkennung, auf dem Markt zieht er sich durch prüfenden Blick und tastende Finger den Groll der Marktfrauen zu.

Nicht selten zieht er auf dem Fensterbrett Basilikum und Pimpernell in Töpfchen, um damit sein Abendbrot zu verfeinern.

Er überwacht seine Mutter am Herd, hebt Deckel ab, schnuppert, steckt den Zeigefinger, unbeachtet hoher Temperaturen, in Kochtöpfe und gibt brauchbare Ratschläge zur Verfeinerung der jeweiligen Topf-Inhalte.

Er plädiert, obwohl er ein leidenschaftlicher Schwimmer ist, für Ferien im Herzen von Frankreich statt an

der Küste Griechenlands. Und so man ihn nach England verfrachtet, verfällt er in tiefe Depression, die Selbstmordgedanken nicht ausschließt.
Seine Zuneigung zu Omas, echten Tanten und Wahl-Tanten bestimmt sich aus deren Verhältnis zur guten Küche. Auch seine Freunde wählt der **Genußfresser** nach der Küche deren Mütter aus.
Große Freude kann man ihm machen, wenn man ihm zum Geburtstag eine Kinder-Wurst-Füllmaschine schenkt. Samt Därmen natürlich! Allerdings sind Kinder-Wurst-Füllmaschinen im Handel nur schwer erhältlich.
Des **Genußfressers** Gaumen ist auch nicht so töricht „eng“ wie der anderer Kinder, die sich leicht vor unbekannten Speisen grausen. Ein **Genußfresser** ist eß-abenteuerlustig und schreckt nicht einmal vor Risotto in Tintenfischtinte zurück!
Auch wenn er sonst ein feinfühliges Kind ist, macht ihm das Töten von Getier, so man es essen kann, kaum etwas aus.
So kennen wir einen kleinen **Genußfresser**, der keiner Fliege etwas zuleide tun würde (weil Fliegen ja wirklich nicht gut schmecken), aber im Rupfen von Wachteln ist er ein versierter Könner, dem man nicht das geringste Mitleid mit den kleinen Vögelchen anmerkt.
Der Genußfresser ist ein glückliches Kind, und ein Narr wäre, wer ihn in diesem Glück stören wollte!

Haben Sie einen daheim, hegen, pflegen und nähren Sie ihn, so gut Sie nur können; ganz gleich, ob das vermehrtes Übergewicht ergibt!
Wer weiß schon, welchen schrecklichen Menschen Ihr Kind einmal in die Hände fallen wird, wenn es erwachsen ist? Vielleicht heiratet es einen sektiererischen Vegetarier! Vielleicht vermählt es sich mit einer Fast-food-Auftauerin!
Solange das Kind bei Ihnen lebt, soll es wenigstens glücklich sein. Eine glückliche Kindheit ist ein Schatz, den einem niemand rauben kann.

Merke: *Von allen Erinnerungen, die der Mensch hat, sind die an Kindheitslieblingsnahrung die besten!*

Tricks, wie wir sie in reicher Auswahl für den Suppenkasper parat hatten, können wir für die Vielfraße, gleich welcher Spielart, ehrlichen Gewissens nicht anbieten.

Sicher, auf einem Moccatäßchen nimmt sich eine kleine Portion größer aus als auf einem normalen Suppenteller.

Und Spargel, saure Gurken und Kiwis haben fast keine einzige Kalorie!

Und ein spannend gestalteter Alltag, ohne Ruhepausen, lenkt auch ein wenig ab.

Aber wir haben noch keinen Vielfraß kennengelernt, der von solchem Schnickschnack echt zu beeindrucken gewesen wäre.

Vielleicht ist ja auch wirklich etwas daran an der Sache mit der sonderlichen „Ersatzbefriedigung" und der zu geringen Zuwendung.

Sie können ja probieren, ob es Ihnen gelingt, Ihr dickes Kind dünn zu lieben. Sehr viel Liebe, soweit wir da durchblicken, hat noch selten Schaden angerichtet.

Montieren Sie auf alle Fälle mehrere große Zerrspiegel (natürlich solche, die in die Länge dehnen) in Ihrer Wohnung.

Das hebt das Selbstwertgefühl des dicken Kindes!

Doch nun zum letzten Kapitel, zum Kinde, das sich falsch ernährt; sei es, daß es bei der Nahrungsaufnahme wider seine Gesundheit handelt, sei es, daß das Kind bei der Nahrungsaufnahme gegen jeden Geschmack verstößt, sei es, daß das Kind auch beide dieser Untugenden in sich vereinigt.

DER FALSCHERNÄHRER

Trat der Falschernährer schon in früherer Zeit recht häufig auf, so nimmt er nun von Jahr zu Jahr derart rasant zu, daß die böse Vermutung, er werde in einem Jahrzehnt in der absoluten Mehrheit sein, wirklich nicht mehr von der Hand zu weisen ist.

Falschernährer treten in so vielen Spielarten auf, daß man wirklich nicht weiß, wie sie einteilen! Und unterteilen! Und abgrenzen!

Mehr als Hinweise, die beim Leser zu Denkanstößen werden könnten, sind da nicht zu liefern.

Vorneweg: Mit den Kindern, die sich ausschließlich von Nudeln und Pommes frites ernähren, wollen wir uns nicht beschäftigen, denn die Nudel-Pommes-Diät ist heutzutage eine derart verbreitete Unsitte, daß man schon wieder von einer Sitte zu reden und den Mund zu halten hat, so man nicht als kinderfeindlich gelten mag.

Anders verhält sich die Sache freilich, wenn man dem Kinde über die Nudeln statt köstlicher Soße ausschließlich handelsübliches Ketch-up schütten darf. Oder wenn das Kind die fettigen Pommes mit Kringeln aus Tuben-Mayonaise zu komplettieren beliebt. Das sind eindeutige Anzeichen von Eß-Perversion! Aber das simple Verbieten hilft da, wie bei allen an-

deren Perversionen auch, wirklich nichts. Sie könnten höchstens den Teufel mit dem Belzebub austreiben und aus einem Falschernährer einen Suppenkasper machen.
Wer ist nun wirklich ein Falschernährer?
Das läßt sich schwer sagen!
Ist ein Kind, das Obst verabscheut, aber direkt süchtig nach Vitaminpillen ist, schon ein Falschernährer?
Ist ein Kind, das schreiend davonläuft, wenn man ihm Vollkornbrot in den Mund schieben will, ein Falschernährer, wenn gleichzeitig bekannt ist, daß es dem Wellensittich die Körner aus der Futterschale wegfrißt?
Fragen über Fragen, auf die wir keine Antwort wissen!
Wir müssen da also spontaner und kreativer vorgehen!
Vielleicht sollten wir ein bißchen frei assoziieren! Bei dieser Erkenntnismethode ergeben sich oft erstaunliche Sinn-Bezüge!
Nun denn:
Kinder, die ausschließlich Brausepulver essen – zumeist aus der hohlen Hand mit der Zunge aufgeleckt – gehören sofort in ärztliche Behandlung!
Kinder, die bloß Spinat nicht mögen, sind einwandfrei im Recht, weil der angeblich so hohe Eisengehalt dieser grünen Blätter bloß auf einen Kommafehler bei der Erst-Errechnung basiert.

Kinder, die nur Suppe zu sich nehmen, haben schlechte Zähne (Unterbiß oder Karies). Es könnte auch sein, daß ihre Zunge zu groß ist und ihnen beim Beißen und Kauen schmerzhaft zwischen die Zahnreihen kommt.

Kinder, die am liebsten Hundefutter oder Katzenfutter aus Dosen zu sich nehmen, sind überforderte Kinder. Sie möchten sich in einen Hund oder eine Katze verwandeln, weil sie der Überzeugung sind, daß Hunde oder Katzen ein wesentlich leichteres Leben haben als Kinder. Da dies ja keineswegs eine Fehl-Meinung ist, sollte man sich wirklich überlegen, dem Kind seine Meinung auszureden.

Kinder, die sonderlich kombinieren, zum Beispiel Grammelschmalzsemmel mit Schoko-Streusel, Butterkekse mit Dion-Senf, Milchreis mit Sardinen oder Haferflocken in Cola, wollen meistens nur Aufsehen erregen. Tun Sie solchen Kindern die Freude!

Kinder, die über Wochen oder sogar Monate einer einzigen Speise treu bleiben und diese zum Frühstück, zum Mittagessen, zur Jause und zum Nachtmahl anfordern, gieren nach Sicherheit im Leben und haben Angst vor Enttäuschung.
Diese Verunsicherung ist höchstwahrscheinlich nicht durch üble Nahrung entstanden, sondern in anderen Lebensbereichen erweckt worden und schlägt sich nur im Eßverhalten nieder.
Diese Kinder sagen sich:
„Was soll ich Bohnen essen? Wer weiß, ob die mir schmecken? Daß mir Linsen schmecken weiß ich, also bleibe ich bei denen!“
Diese Einstellung erhärtend ist wohl, daß Eltern ja

wirklich mit Ihren Kindern nicht ehrlich über den Geschmack gewisser Speisen sprechen. „Guuuuuutes Pappi", locken sie doch immer! Auch wenn sich auf dem Löffel abscheuliche Pampe befindet!
Dazu kommt wohl auch noch der Umstand, daß es viele Eltern nicht mögen, wenn Kinder Essen, das ihnen nicht mundet, auf den Tisch spucken.
Würden Eltern dies nicht so rigoros verbieten, sondern fördern, wäre vielleicht manches Kind bereit, sich eher verkostend einer Speise zu nähern.

Kinder, die nur Süßigkeiten essen wollen, wohl die größte Gruppe unter den Falschernährern, sind nicht als amorphe Einheit zu betrachten. Der Gründe zur Süßwarenfresserei können gar viele sein:

1. schmeckt Süßes ja wirklich vorzüglich,

2. liegt Süßes meistens eßbereit in den Haushalten herum,

3. verdirbt Süßes den Appetit und das heißt, anders herum, es stillt den Hunger sofort;

4. wird Süßes von allen Lebensmitteln im Fernsehen am meisten beworben, und Kinder stehen ja Werbespots recht aufgeschlossen gegenüber;

5. schmeckt Süßes ja wirklich vorzüglich.

Die Gründe 1 und 5 werden wohl in den meisten Fällen zum Tragen kommen.

Kinder, die nur Fast-food mögen (labbrige Hamburger in wattigen Laberln, Tiefkühlmenüs in Styropormulden, dehydriertes Gulasch im Alu-Pack usw.), haben üblicherweise große Konflikte mit ihren Müttern.
Dadurch, daß sie den abscheulichen Fertig-Fraß der guten Küche ihrer Mutter vorziehen, wollen sie ihre Verachtung für die arme Frau ausdrücken.

Kinder, die nur Gummibärli essen, haben wahrscheinlich im Fernsehen mitbekommen, daß auch Ronald Reagan ein Liebhaber dieser elastischen Klein-Skulpturen ist und wollen diesem Kerl nun nacheifern.
Sollte es sich so verhalten, daß dem Kinde Ronald Reagan durch eine Bezugsperson als Vorbild nahegebracht wurde, verlieren wir über den Fall kein Wort mehr und denken uns nur unseren Teil!
Sind sich aber alle Bezugspersonen keiner diesbezüglichen Schuld bewußt, hat man sich an einen Psychologen zu wenden; denn Kinder, die aus freien Stücken wie Ronald Reagan zu werden beabsichtigen, bedürfen der Betreuung durch einen Experten.

Kinder, die nur Tannenwipferl-Hustensaft trinken, haben allerhand mißverstanden und glauben irrigerweise, daß jeder Hustensaft Codein enthalte! (Was ja auch kein Wunder ist, weil in den Schulpausen auf dem Schulhofe über das „High"-Sein bloß getuschelt werden darf und da sehr viel an exakter Information im Winde verweht.)

Kinder, die jegliche Art von ungesunden und geschmacklich minderwertigen Happen zu sich nehmen, mögen vielleicht nur etwas zerstreut und ziemlich unkonzentriert sein.
Möglicherweise geht es hier aber auch wieder um diese leidige „Zuwendung", von der schon mehrmals

zwischen den Zeilen die Rede war. Man kann ja nicht abstreiten, daß die Mutter durch das falsche Eßverhalten des Kindes sehr beunruhigt wird und das Kind auf den rechten Eßweg zu bringen versucht. Das geht nun nicht ohne Mühe ab, und Mühe ist nun einmal Zuwendung!

Da kommt ein Fall aus unserer Erinnerung hoch, in dem es dem Kind, einem wunderhübschen 12jährigen Mädchen nur darum ging, durch Falschernährung dem heißgeliebten Vater mehrmals täglich folgenden Zuruf, gerichtet an seine Ehefrau, zu entlocken: „Wie soll denn das arme Wurm wissen, was gut ist, wenn du kochst wie ein Kantinenwirt drei Wochen vor dem Konkurs der Firma?"

Als sich die Mutter endlich von ihrem Mann scheiden ließ, aß das Kind noch ein Weilchen falsch, gewöhnte sich dann jedoch schön langsam ein durchschnittliches Eßverhalten an.

Übrigens sind Falschernährer auch oft Kinder, deren Eltern unheimlich gesund leben. Bio! Oder vegetarisch! Oder gar makrobiotisch!

Sie wissen ja: Da kommt der Generationskonflikt mit voller Kraft zu tragen!

Das ist gewiß nicht hübsch, aber seien Sie doch froh, wenn er bloß auf dem Felde der Ernährung ausgefochten wird!

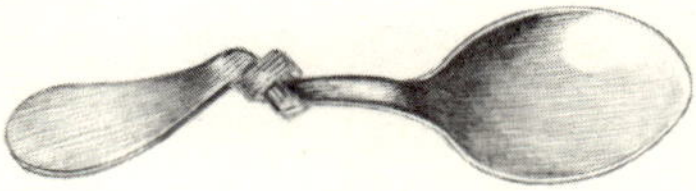

Falschernährer können auch Kinder sein, die in einem anderen Generationskonflikt, dem zwischen Mutter und Großmutter, wie zwischen zwei Mühlsteinen zermalmt werden.
Die Mutter schwört auf linksdrehendes-rechtsgemoppeltes Joghurt, die Großmutter schwört auf rechtsdrehendes-linksgemoppeltes Joghurt.
Und das arme Kind will sich aus dem Konflikt heraushalten und greift zum Teufelsroller, gegen den sowohl Mutter als auch Großmutter wettern.

Hier wäre es angebracht, wenn eine Vertrauensperson dem Kind klar macht, daß die ganze Sache mit dem links-rechts-Gemoppel nur ein Scheingefecht darstellt und sich die beiden Frauen in Wirklichkeit einfach nicht ausstehen können. Dadurch wird dem Kind sein Kinderglaube, es könne durch Eßverhalten Frieden in der Familie stiften, genommen. Und selbst wenn dieser gewünschte Effekt nicht eintreten sollte: Es ist immer von Vorteil, wenn sich ein Kind im Leben auskennt!

Es wäre unsinnig, nun noch seitenlang darzutun, was ein Falschernährer noch alles an Fehlnahrung zu sich nehmen kann, und warum er dies unter Umständen noch tun könnte.

Der Gründe sind ja so viele, wie ein Zentner Mais Körner hat!

Und wenn Sie, werte Bezugspersonen, die Sie Ihr Kind doch seit seiner Geburt kennen, nicht Bescheid wissen, wie sollen dann wir, die wir Ihr Kind leider überhaupt nicht kennen, wissen, was mit ihm los ist? Na eben!

Im Grunde wissen wir nur eines, aber dieses sicher: Geduld bringt Rosen. Hier, wie bei anderen Aufzuchtsproblemen auch.

Aus vielen Falschernährern sind schon wenige Gesundheitsapostel geworden. Und spätestens ab seinem 18ten Lebensjahr ist auch der Falschernährer für seine Ernährung eigenverantwortlich.

Ewig dauert also Ihr Jammer nicht!

Letztlich noch: Hand auf den Magen! Was Sie selbst so hinunterwürgen, verehrte Mamas und Papas, Opas, Omas und sonstwie kinderfütternde Personen, das ist ja auch ganz schön ungesund. Alle diese Cholesterinbrocken und die alkoholischen Schlucke und das viele Salz und das schwarzgeselchte Ripperl und das weiße Brot, das kein Ballaststoff sein kann... und... und... und...
Wollen Sie wirklich ein Kind, das klüger ist als Sie? Sagen Sie nicht einfach und unbedacht „Ja!“ Sie haben anscheinend keine Ahnung wie stressig so ein Leben sein kann.

Gänzlich abschließend sei noch folgender hundertprozentig wirksame Pauschalratschlag erteilt, der für alle drei Gruppen von eßschwierigen Kindern gleichermaßen Geltung hat:
Schaffen Sie sich zwölf Kinder an, dann haben Sie vielleicht allerhand andere, aber gewiß keine Eß-Probleme mehr.
In 12-Kinder-Haushalten ist üblicherweise das Essen so knapp, daß Vielfresserei unmöglich ist, und der Futterneid wird derart groß, daß kein Kind an Suppenkasperei auch nur denken mag.
Und ob sich eines Ihrer zwölf Bälger falsch ernährt – wetten! –, das wird Ihnen im Trubel Ihres Familienlebens gar nicht auffallen!

ISBN 3-224-16103-5 Jugend und Volk Wien

© Copyright 1989 by Jugend und Volk
Verlagsgesellschaft m. b. H., Wien – München
Alle Rechte vorbehalten
Satz: »werbegrafik«, 1120 Wien
Druck und Bindung: Wiener Verlag